Bestell-Nr. RKW 5150
© 2016 by Reinhard Kawohl 46485 Wesel
Verlag für Jugend und Gemeinde

Titelfoto: Getty Images / Olha_Afanasieva
Fotografen: A. Will (26), Pitopia / Ralf Pickenhahn (40),
C. Ringer (44), F. Strauß (50)
Alle übrigen Getty Images: Comstock (8), piovesempre (10),
Michael Blann (12), Altin Osmanaj (14), instinia (16),
Olha_Afanasieva (18), Muhmmad Irshad (20), r_drewek (22),
Xiangyang Zhang (24), Andriy Bandurenko (28), Berko85 (30),
John Bradley (32), WhisperCollection (34), Sergey Galushko (36),
mjbs (38), R. Tavani (42), Vuk-Varuna (46), rbv (48),
PeterTG (52, 66), Alekleks (54), Halfpoint (56), daffodilred (58),
Frank Luerweg (60), FamVeld (62), LydiaGoolia (64),
ChamilleWhite (68), Shaiith (70), Arminius-SST (72),
catalin_grigoriu (74), DoraZett (76), karandaev (78), Altolf (80),
kojihirano (82), vetkit (84), Paul Grecaud (86), sestovic (88)

Gestaltung und Zusammenstellung: RKW
Druck und Bindung:
Drukarnia Dimograf, Bielsko-Biała, Polen
ISBN: 978-3-86338-150-9

www.kawohl.de

Reinhold Ruthe

Dankbar

21 Tage
Dank-Erlebnis mit
Impulsen & Tagebuch

kawohl

Inhaltsverzeichnis

Vorwort 7
1. Gott danken für jeden neuen Tag 9
2. Dankbarwerden heißt Reichwerden 13
3. Täglich danken 17
4. Dank ist das Opfer, das wir dem Höchsten bringen 21
5. Wir danken Gott für unser Leben 25
6. Wir danken für unseren kostbaren Leib 29
7. Danken für unvorhergesehene Dinge 33
8. Wir danken Gott für seine große Liebe 37
9. Danken für Bewahrungen 41
10. Gelübde einlösen – Dankbarkeit praktisch 45
11. Danken für außergewöhnliche Genüsse 49
12. Wer vergeben kann, wird dankbar 53
13. Wir danken dem Schöpfer für alle Gaben und Talente.. 57
14. Dankbar und glückselig in Gottes Hand 61
15. Dankbar sein auch im Leid 65
16. Danken für Heilung und Befreiung 69
17. Danken – die Weisheit des Ja-Sagens 73
18. Dankbarkeit verleiht Flügel 77
19. Dankbar Gottes Wunder erleben 81
20. Dankbarkeit bewahrt vor übertriebener Geschäftigkeit .. 85
21. Dankbarkeit verlangt Ausdauer 89
    Nachwort 93

Vorwort

Dankbarkeit ist selten geworden, wohl auch weil Wohlstand und Dankbarkeit einander fremd sind. Zu vieles scheint uns selbstverständlich. Und doch ist die Dankbarkeit die Mutter aller Tugenden. Denn wer dankt, lebt seelisch und körperlich gesünder. Das bestätigen viele internationale Untersuchungen z. B. im Hinblick auf Immunsystem und Stressverarbeitung. Wer dankt, ändert seine Stimmungslage und seine Lebenseinstellung. Er sieht die Welt in einem anderen Licht, schaut auf das Gelungene, das Schöne, das Machbare und die schlummernden Möglichkeiten und lebt so zufriedener. Von Negativen lässt er sich nicht erdrücken, sondern nimmt Schönes und Schlimmes aus Gottes liebevoller Hand. Wer dankbar ist, blickt unbeschwert zurück, lebt zuversichtlich in der Gegenwart, schaut unbesorgt in die Zukunft. Es gibt also gute Gründe, sich um mehr Dankbarkeit zu bemühen.

Dankbarkeit verleiht uns Flügel. Allerdings will sie gelernt und eingeübt werden. Die Forschung zeigt: Wer eine neue innere Haltung praktizieren möchte, braucht etwa 21 Tage, um sich neu zu programmieren. Nur wer täglich übt, um eine neue Verhaltensweise einzustudieren, hat Erfolg. Üben Sie 21 Tage lang Dankbarkeit ein. Diese Buch gibt Ihnen Tag für Tag Anregungen dazu. Die Reihenfolge, in der Sie sie lesen, spielt keine Rolle. Besonders wichtig für das Einüben einer dankbaren Haltung, ist aber, dass Sie sich jeden Tag Notizen machen, wofür Sie danken wollen. Dann werden Sie erleben, wie Gott Sie täglich beschenkt!

Danket dem Herrn,
denn er ist freundlich,
ja ewiglich währt seine Gnade.
Psalm 118, 29

Tag 1
Gott danken für jeden neuen Tag

In einer afrikanischen Sprache wird das Wort für „danken" mit „Rückwärtsschauen" übersetzt. Das deutet den Weg an, auf dem wir am besten zum Danken kommen können, indem wir im Laufe des Tages oder am Abend immer wieder einmal Rückschau halten.

Viel zu oft erleben wir zwar Gutes, danken aber nicht dafür. Wenn wir nicht alles als Selbstverständlichkeit hinnehmen, haben wir ausreichend Grund zum Danken.

Aber auch das Vorausschauen gibt Anlass zur Dankbarkeit. Der Kirchenvater Augustin hat einmal gesagt: „Die erste Morgenstunde ist das Ruder des Tages." Wer den Tag mit Dank beginnt, steuert richtig. Wer dankbar aufsteht, gibt dem Tag ein gutes Gepräge. Am Morgen liegt der Tag vor uns. Er ist Gottes Geschenk, seine Gabe an uns. Und dafür sagen wir Dankeschön.

Danke
für den neuen Tag,
für neue Möglichkeiten,
für ein neues Leben.

Danke
für Schönes und Schlechtes,
für Gesundheit und Krankheit,
für Lachen und Weinen.

Danke,
dass ich mich annehmen darf,
wie ich bin,
dass du mich annimmst,
wie ich bin,
dass du mich
ruhig und gelassen machst.

Impuls des Tages:
*Wir schauen dem beginnenden Tag
dankbar und mit guten Vorsätzen entgegen.
Gott ist bei uns, wenn wir unterwegs sind und umgibt uns
von allen Seiten. Dieses Wissen macht dankbar,
macht froh und lässt die Sorgen kleiner werden.*

Heute bin ich dankbar für:

Tag 2
Dankbarwerden heißt Reichwerden

„Die größte Kraft des Lebens ist der Dank.", hat uns Christen Friedrich von Bodelschwingh ins Stammbuch geschrieben. An anderer Stelle ergänzt er: „Das Reichwerden eines Christen ist im tiefsten Grunde ein Dankbarwerden."

Wer Dankbarkeit einübt,
stellt seine Wahrnehmung um,
verändert sein Augenmerk,
sieht alles in der ihn umgebenden Welt anders.

Während ich dies schreibe, schaue ich zwischendurch aus dem Fenster. Im Garten steht ein japanischer Ahornbaum mit tiefroten Blättern. Ein Nachbar im Reihenhaus nebenan sagt uns strahlend: „Einige Male am Tag schaue ich auf das Prachtexemplar in eurem Garten." Und ich danke Gott für den herrlichen Baum, der sich im Herbst bilderbuchreif präsentiert.

Meine Frau und ich haben uns angewöhnt – auch eingeübt –, immer wieder eine zeitlang nebeneinander vor dem Fenster zu sitzen und die vielen Farben des Gartens, die Ruhe, den sanften Wind in den Zweigen und die emsigen Vögel zu beobachten.

Der Genuss entspannt, der Genuss macht dankbar. Nehmen auch Sie sich heute Zeit, das zu erleben.

Ich danke dir für die bunten Blumen,
    die meine Stimmung beflügeln,
ich danke dir für den Gesang der Vögel,
    die Leib und Seele entspannen,
ich danke dir für die wärmende Sonne,
    die wie Balsam alle Glieder erfrischt.
Ich danke dir für die Luft,
    die ich atmen darf,
ich danke dir für die Natur,
    die ich bewundern kann,
ich danke dir für die Menschen,
    mit denen ich alles genießen möchte.

Impuls des Tages:
Es verlangt Einübung,
für die kleinen Dinge des Lebens dankbar zu werden.
Diese Dankbarkeit bereichert
und befreit von Hektik und Anspannung.

Heute bin ich dankbar für:

Ich will immer davon reden
wie gerecht du bist
und wie gerecht du handelst,
Tag für Tag will ich dich loben! Psalm 35,28

Tag 3
Täglich danken

Ein jüdischer Rabbi wurde einmal gefragt, warum die Israeliten bei ihrem Zug durch die Wüste immer nur so viel Manna fanden, dass es lediglich für einen Tag reichte.

Der Rabbi antwortete mit einem Gleichnis und erzählte von einem König, der für seinen Sohn einen jährlichen Unterhalt festgesetzt hatte. Leider kam der Sohn nur einmal im Jahr, um sich beim Vater zu bedanken. Das bedrückte den König und er veränderte die Zahlungsweise. Nun erhielt der Sohn jeden Tag neu seinen Unterhalt. Seither kam der Sohn täglich, schaute den Vater an und bedankte sich bei ihm.

„Undankbarkeit ist schlimmer als Diebstahl!", sagt der Talmud. Der tägliche Dank ist eine Hilfe, um nicht in diese Untugend zu verfallen. Der Dank gerät leicht in Vergessenheit, wenn er nicht täglich geübt wird. Wer aber jeden Tag mit Danken beginnt,
schaut den Vater im Himmel an wie der Sohn des Königs,
gewinnt Zuversicht für alles Tun und Lassen,
gewinnt Vertrauen für das Zusammenleben mit anderen,
gewinnt aus Gott die Kraft für die Liebe, die Zweifel, Dunkelheit und Konflikte überwindet.

Täglich wollen wir Gott danken
für das, was wir haben,
für das, was wir sind,
für das, was wir leisten,
für das, was wir können,
für das, was wir genießen,
für das, was uns erfreut.

Impuls des Tages:
Wer täglich dankt, erntet Zuversicht für alles Tun,
Kraft für alle Pläne und Liebe für deren Ausführung.

Heute bin ich dankbar für:

*Dank ist das Opfer,
das ich von dir erwarte;
erfülle die Versprechen,
die du mir, dem Höchsten gegeben hast.*

Psalm 50,14

Tag 4
Dank ist das Opfer, das wir dem Höchsten bringen

Warum fällt es uns oft schwer zu danken? Was hindert uns daran? Überprüfen wir unsere Motive!

Wer nur an sich denkt, kann nicht danken.
Wer in erster Linie haben will, kann nicht opfern,
wer in erster Linie erfolgreich sein will, kann nicht schenken,
wer in erster Line gewinnen will, dem fällt das Danken schwer.
Wer ständig materielle Ziele verfolgt, ist unzufrieden.

Warum ist der Dankbare zufriedener?
Wer dankbar ist,
sieht auf die Dinge, die gelingen, die gut gelaufen sind;
ist schneller zufrieden, wird nicht von Habgier geleitet;
schaut nicht ständig auf das Negative, das ihm fehlt.

Danken hängt mit Denken zusammen. Wer dankt, denkt nach. Er denkt und dankt dem Höchsten, der ihm das Leben und viele Gaben geschenkt hat. Er weiß, dass Freud und Leid zusammengehören und beides unsere Lebenserfahrung ausmacht.

Die Maßstäbe aber, die unsere Gesellschaft setzt und unsere eigenen Motive und Ziele erschweren uns die Dankbarkeit: Immer schneller, immer höher, immer besser, immer mehr. Wir wollen haben und vergessen das Danken, wir wollen gewinnen und können keine Opfer bringen.

Dankbarkeit

Dankbarkeit ist kein Zustand,
sondern eine Aufgabe.
Dankbarkeit ist kein Vorsatz,
sondern die Folge der Zufriedenheit.
Dankbarkeit ist kein geistlicher Anspruch,
sondern die Antwort
einer gefüllten Seele.
Dankbarkeit ist keine Anstrengung,
sondern Gottes Geschenk.
Dankbarkeit ist kein Verdienst,
sondern Gnade.

Impuls des Tages:
Wenn wir nicht in erster Linie
auf Haben, Gewinn und mehr Erfolg schauen,
sehen wir das Geschenk unseres Lebens positiver.
Der Dank an Gott ist ein Opfer,
weil wir wunderbare Geschöpfe aus seiner Hand sind.

Heute bin ich dankbar für:

Tag 5
Wir danken Gott für unser Leben, weil er uns als wertvoll ansieht.

In der Beratung erscheint eine Ratsuchende, die etwa 25 Jahre alt ist und ihre Wertlosigkeit beklagt. Sie sagt: „Ich sehne mich nach einer Beziehung mit einem Mann, der mich wirklich liebt. Aber mich will ja keiner. Alle haben mich missbraucht und sind auf mir herumgetrampelt. Ich bin nichts wert."

Der Seelsorger holt einen 50-Euro-Schein aus der Brieftasche und zeigt ihn der Ratsuchenden. „Was ist diese Banknote wert?" „50 Euro", antwortet die Ratsuchende unsicher.

Der Seelsorger zerknüllt den Schein, wirft ihn auf die Erde und tritt mit den Füßen auf ihm herum. Dann hebt er den schmutzigen Schein hoch, glättet ihn mit beiden Händen und fragt die Ratsuchende: „Was ist jetzt der Wert dieses Geldscheins?"

Die Ratsuchende bricht in Tränen aus. Sie spürt, was der Seelsorger sagen will. Nach einigen Seelsorgegesprächen geht die junge Frau zuversichtlich und dankbar nach Hause.

Auch wenn wir „beschmutzt", missbraucht und sündhaft sind, gilt uns das neben stehende Bibelwort vorbehaltlos: Gott hat uns wunderbar geschaffen. Das erfüllt uns mit Ehrfurcht und macht uns dankbar.

Danke,

dass du mir das Leben geschenkt hast,
dass dein Wunder mich mit Ehrfurcht erfüllt.

Danke,

für Schönes und Schlechtes,
für Gesundheit und Krankheit,
für Lachen und Weinen.

Danke,

dass ich mich annehmen darf, wie ich bin,
dass du mich annimmst mit Stärken und Schwächen,
dass du mich liebst und wertschätzt.

Impuls des Tages:
*Weil Gott uns mit Fehlern und Schwächen,
mit Kratzern und Missbrauchsspuren Wert achtet und liebt,
darum sind wir unserem Gott dankbar.*

Heute bin ich dankbar für:

Tag 6
Wir danken für unseren kostbaren Leib

Wenn wir Gottes Eigentum sind, gehört ihm auch unser Leib. Unser Körper, unser Leib ist eine kostbare Einzelanfertigung, ein wunderbarer Organismus. Noch deutlicher: Unser Leib ist ein Tempel des Heiligen Geistes, sagt die Bibel, keine Lagerhalle, keine Bruchbude, keine billige Abstellkammer. Auch kein Gegenstand, den wir misshandeln oder vernachlässigen dürften.

Wer seinen Körper egoistisch und selbstsüchtig auslaugt, unnötig belastet und ausplündert, beleidigt den Eigentümer, handelt undankbar gegen Gott. Wer hingegen Gott immer wieder für diesen einmaligen Leib dankt und damit anerkennt, dass dieser ein himmlisches Geschenk ist, das organische, seelische und geistige Aspekte beinhaltet, wird ihn liebevoller und respektvoller behandeln.

Als Seelsorger und Therapeut beschäftige ich mich immer wieder mit neusten Erkenntnissen der Psychosomatik und der Hirnforschung und stelle daher die Frage: Ist das nicht eine unverantwortliche Nachlässigkeit, dass wir den Glauben an Gott in den Mittelpunkt rücken, aber den kostbaren Leib mit falschem Essen, mit Trinken, mit unnötigem Sitzen und mangelnder Bewegung und mit egoistischer und selbstsüchtiger Überbeanspruchung stressen und belasten?

Dein Leib gehört Gott
vom Scheitel bis zur Sohle,
im Glauben und im Leben,
in Arbeit und in Ruhe,
im Stress und im Vergnügen.

Dein Leib gehört Gott,
du wirst ihn mit Spaziergängen entlasten,
du wirst ihn mit traumhafter Musik erfreuen,
du wirst ihn mit wohlschmeckendem Essen verwöhnen,
du wirst ihn als Gottes Eigentum respektieren.

Impuls des Tages:
Unser Leben und unser Leib gehören
dem Herrn aller Herren.
Das verpflichtet zur Dankbarkeit.

Heute bin ich dankbar für:

Tag 7
Danken für unvorhergesehene Dinge

Ein Fernsehgottesdienst zum Thema Liebe.* Mehrere Gemeindeglieder berichten Erfahrungen mit der Liebe in ihrem Leben.

Ein sehr beleibter Mann mit verkrüppelten Armen und Händen sagt: „Gott schenkt auch Liebe, die so aussieht!" Und er zeigt lachend auf seine verkrüppelten Hände.

Gottes Liebe kann verschieden aussehen.

In der Predigt erzählt der Pastor von den drei Kindern, um die seine Frau und er Gott gebeten und die sie dankbar aus seiner Hand empfangen hatten. Überraschend kündigte sich noch ein viertes an. Da sagte seine Frau zu ihm: „Das haben nicht wir, das hat sich Gott von uns gewünscht. Wir werden es dankbar annehmen!"

Das ist Dankbarkeit, die alles aus Gottes Händen nimmt.
Wir erleben Missgeschicke, die er zum Segen wandelt,
wir erleben Fehlplanungen, die er für uns nutzbar macht,
wir vertrauen dankbar der Führung Gottes,
wir danken ihm für unverdiente Güte.

*Gottesdienst zum Welttag der Frauen aus dem Christuszentrum Arche, Elmshorn

Mit dankbaren Augen
Freud und Leid betrachten;

mit dankbaren Händen
Erfreuliches und Belastendes
empfangen und ergreifen;

mit dankbarem Herzen
Erwartetes und Unerwartetes
aus Gottes Händen nehmen.

Impuls des Tages:
*Wenn wir unvorhergesehene
und mitunter unliebsame Dinge
aus Gottes Hand nehmen,
genießen wir dankbarer
und entlasteter das Leben.*

Heute bin ich dankbar für:

Gott hat uns
seine große Liebe dadurch bewiesen,
dass Christus für uns starb,
als wir noch Sünder waren ...
Doch das ist nicht der einzige Grund,
Gott zu loben und ihm zu danken:
Schon jetzt sind wir ja
durch unseren Herrn Jesus Christus
mit Gott versöhnt.

Römer 5,8+11

Tag 8
Wir danken Gott für seine große Liebe

Der angesehene Künstler Otto Kokoschka schenkte vor Jahrzehnten der Hamburger Hauptkirche St. Nikolai einen Entwurf für ein Kreuzigungsmosaik mit dem Titel „Ecce Homo" („Seht welch ein Mensch!"). Er wurde gefragt, warum er an einem Karfreitag die Kreuzigung gezeichnet habe. Und er antwortete: „Ich hatte eine schwere Lungenentzündung und wusste nicht, was wird. Aber als ich wieder zurechtgekommen war, da malte ich aus Dankbarkeit die Kreuzigung."

Ohne Christus, so Kokoschka weiter, seien wir wie eine Motte mit kurzem Flug und kleinem Leben, die im Licht verbrenne. Gott aber will das nicht, er will unser Leben und hat deshalb seinen Sohn für uns gegeben.

In gesunden Tagen stehen wir in der Gefahr, das Bekenntnis „Für uns gestorben" so dahinzuplappern, ohne letzten existentiellen Bezug. Doch das Geschehen von Golgatha ist mehr als ein historisches Datum. Es geht dabei um nichts weniger als um meine Rettung, mein Leben. Golgatha ist – im doppelten Sinne – eine Passion für uns. Die Liebe, die dahinter steht, kann uns jeden Tag wieder zu Lob und Dankbarkeit führen.

Für uns in die Welt gekommen,
Für uns gelitten und gestorben,
Für uns ans Kreuz gegangen,
Für uns Schuld und Sünde auf sich genommen,
Für uns hält Christus seinen Kopf
vor dem himmlischen Vater hin,
Für uns.
Grund zur täglichen Dankbarkeit.

Impuls des Tages:
*Der größte Liebesbeweis Gottes,
dass Christus für uns am Kreuz starb,
kann uns täglich dankbar machen.*

Heute bin ich dankbar für:

Tag 9
Danken für Bewahrungen – eine besondere Form der Dankbarkeit

In einem Text von Nossrat Peseschkian treffen sich zwei Freunde. Auf das Drängen des einen hin erzählt der andere, warum es ihm so gut gehe. Ja, er sei wirklich glücklich und dankbar. Warum? „Ach bin glücklich, dass ich nicht in dem Zug saß, der im Tunnel einen Unfall hatte!" Und noch vieles andere erfüllt ihn mit Dankbarkeit:

Dass er nicht aus Verzweiflung aus dem sechsten Stockwerk gesprungen ist; dass er nicht mit dem Flugzeug unterwegs war, das Tage zuvor abstürzte; dass er nicht im Erdbebengebiet im Urlaub war, usw.

Wir sind es nicht gewohnt, dass ein Mensch für Dinge dankt, die ihm erspart geblieben sind, für Ereignisse, vor denen er bewahrt wurde, für Krankheiten, die ihn nicht heimgesucht haben.

Meine Frau und ich schauen die Nachrichten im Fernsehen. Die Flüchtlingszüge an den Grenzen und viele andere kleine und große Katastrophen strapazieren unsere Gefühle. Immer wieder werden die Augen nass. Laut und leise sagen wir: „Gott sei Dank, dass wir davor bewahrt blieben." Auch so kann Dankbarkeit aussehen.

Deine Augen, Herr,
wachen über unserem Leben,
***deine Engel
sind uns Schutz und Schirm,***
deine Führung
schenkt uns Trost und Mut im Alltag,
deine Treue
lässt uns nicht im Stich,
deine Bewahrung
gibt uns Gefühle der Geborgenheit,
deine Liebe
ist uns Tag und Nacht gewiss.

Impuls des Tages:
Wer Nachrichten schaut oder in Zeitungen blickt,
erlebt pausenlos Unglücke, Katastrophen
und blutige Auseinandersetzungen.
Wir können Gott nur täglich Gott danken,
dass wir verschont wurden.

Heute bin ich dankbar für:

Tag 10
Gelübde einlösen – Dankbarkeit praktisch

Johann Wolfgang von Goethe hat eine Parabel geschrieben mit dem Titel „Die Frösche":

> Ein großer Teich war zugefroren;
> die Fröschlein, in der Tiefe verloren,
> durften nicht ferner quaken noch springen,
> versprachen sich aber im halben Traum,
> fänden sie nur da oben Raum,
> wie Nachtigallen wollten sie singen.
> Der Tauwind kam, das Eis zerschmolz,
> nun ruderten sie und landeten stolz
> und saßen am Ufer weit und breit
> und quakten wie vor alter Zeit.

Wie viele Gelübde hat Gott wohl schon in privaten Krisenzeiten, in Gefahren, in der Gefangenschaft und auf dem Krankenbett anhören müssen. Wie die Frösche haben Menschen ihm das Blaue vom Himmel herunter versprochen. Und wenn der Tauwind kommt und das Eis schmilzt, hat der Mensch sein Gelübde vergessen. Wenn Krisen, Misserfolge und Unglück überstanden sind, wird die Vergangenheit wie eine zweite Haut abgestreift.

Wer dankt, denkt an den Geber und vergisst nicht, was er uns Gutes getan hat. Wann haben wir Gott etwas versprochen? Steht der Dank noch aus? Machen wir es nicht wie die Frösche!

Keine leeren Versprechen

Wir haben
Gelübde abgelegt – und wollen sie erfüllen,
Versprechungen abgegeben – und wollen sie einhalten,
Eide geschworen – und wollen sie bestätigen.

Denn wir vergessen nicht,
  dass Gott in Krisen geholfen,
  dass Gott uns Gutes getan,
  dass Gott uns vor Schaden bewahrt hat.

Impuls des Tages:
Tag für Tag wollen wir dankbar Versprechen einhalten,
Gelübde einlösen und Gott Loblieder singen,
weil er spürbar die Hand über uns gehalten hat
in zahlreichen kritischen Augenblicken.

Heute bin ich dankbar für:

Tag 11
Danken für außergewöhnliche Genüsse

Es war in der schlechten Zeit, als in Deutschland die Lebensmittelmarken herrschten und der Schwarzmarkt blühte. Da nahm ich an einer Sitzung meines verehrten Lehrers Pastor Johannes Busch teil, der um die Weihnachtszeit seine Mitarbeiter eingeladen hatte. Aus allen Teilen des Westbundes waren sie gekommen, um mit dem Bundeswart des CVJM einige Tage zusammen zu sein. Aus der Herforder Gegend hatte ein Mitarbeiter eine Kiste echter Zigarren mitgebracht.

Johannes Busch stellte die Kiste zur Seite und sagte: „Ihr Männer, liebe Brüder, bevor ich mir die erste Zigarre anstecke, möchte ich unserem unvergleichlichen Gott für diese herrliche Gabe danken." Und dann sprach er ein mir unvergessenes Gebet: „Du hast uns hier in deinem Namen versammelt, aber hast uns gleichzeitig eine köstliche Freude bereitet, wie du das hin und wieder seit alten Zeiten getan hast. Die Zigarren nehmen wir als ein besonderes Zeichen deiner Liebe zu uns entgegen. Jeder Zug soll ein Dank aus unserm Munde an dich sein. Amen." Im gleichen Atemzug stimmte er das Lied an: „Der Herr ist gut, in dessen Dienst wir stehn, wir dürfen ihn in Demut Vater nennen."

In allen Dingen, heißt es in der Bibel (1. Thess. 5,18), seid dankbar. Darin liegt die Pointe. Ein Dankgebet für Zigarren war außergewöhnlich, aber es lehrt uns, eine Grundhaltung, die hinter allem dankbar Gottes Fürsorge sieht.

Vielen Dank

Vielen Dank für die Blumen,
ich genieße ihre Farben,
als blühten sie nur für mich,

vielen Dank für die Meisen,
sie fressen die Blattläuse,
und die Blumen strahlen;

vielen Dank für die Flasche Wein,
eine Gaumenfreude
und Genuss für die Seele;

vielen Dank für das Grün des Rasens,
es beruhigt das Gemüt;

vielen Dank für den Gesang der Vögel,
die mich in der Frühe wecken
und mir ein Ständchen bringen;

vielen Dank für Schmerzen
und Traurigkeiten,
du erinnerst mich daran,
dass nichts selbstverständlich ist;

vielen Dank für das vorzügliche Essen,
es zeigt mir:
Du bist das Brot des Lebens.

Impuls des Tages:
Besondere Genüsse sind besondere Geschenke.
Und für besondere Geschenke sollten wir
besonders unserem Herrn danken.

Heute bin ich dankbar für:

Tag 12
Wer vergeben kann, wird dankbar

Wer Vergebung erfährt, ist mit der Vergangenheit versöhnt, und erlebt, dass die Zukunft gelingt.

„Jenseits von Eden" ist der wohl bekannteste Film von James Dean. Der gleichnahmige Roman von John Steinbeck greift das biblische Motiv der Unversöhnlichkeit von Kain und Abel auf. Bei Steinbeck heißen die Brüder Caleb und Aron Trask. Besonders beeindruckend ist die Szene, in der Caleb (Kain) völlig verzweifelt an das Krankenbett seines Vaters tritt, der durch einen Schlaganfall gelähmt und gleichzeitig stumm geworden ist. Caleb bittet seinen Vater um Vergebung. Der Sohn wird frei, er entlastet sich von Wut, Bitterkeit und Groll.

Ohne Vergebung werden Menschen immer mehr verbittert, verfeindet, hasserfüllt und undankbar. Ohne Vergebung bleiben Enttäuschungen, Kränkungen und Beleidigungen unvergessen. Sie vergiften das Klima, untergraben Liebe und Zuneigung.

Zur Vergebung gehört auch das „Weggeben" von Enttäuschungen und Frustrationen. Wer ständig gegen sein eigenes Wesen ankämpft, wer ständig seinen Eltern, dem Leben oder den Umständen Vorwürfe macht, lebt im Bürgerkrieg mit sich selbst. Wer vergeben kann, wer loslassen und weggeben kann, wird froh und dankbar. Und wer dankbar ist, kann vergeben und „weggeben".

Du kannst

Du kannst nicht
Gewalt mit Gewalt beenden;
du kannst nicht
Böses mit Bösem ausrotten;
du kannst nicht
Terror mit Terror bekämpfen;

du kannst nicht
Feindseligkeit mit feindseligem Verhalten
begegnen;
du kannst nicht
Lügen mit Lügen aus der Welt schaffen;

du kannst nur
Lieblosigkeit mit Liebe überwinden,
du kannst nur
Unversöhnlichkeit mit Vergebung beantworten.

Impuls des Tages:
Vergeben und vergessen Sie
und nehmen Sie die Vergebung anderer dankbar an.
Dieses Loslassen befreit
und macht Sie von Kopf bis Fuß gelöster.

Heute bin ich dankbar für:

Tag 13
Wir danken dem Schöpfer für alle Gaben und Talente

Es war einmal, dass die Tiere beschlossen, eine Schule zu gründen. Sie stellten einen Lehrplan auf mit den Fächern Laufen, Klettern, Schwimmen und Fliegen. Die Ente war eine ausgezeichnete Schwimmerin, aber sie war nur „befriedigend" im Fliegen und „mangelhaft" im Laufen. Der Hase stand an der Spitze im Laufen, versagte aber beim Schwimmen. Das Eichhörnchen war ausgezeichnet im Klettern, aber im Fliegen eine Niete. So sah es bei allen Tieren aus, denn jedes hatte seine eigenen Gaben.

Petrus hat es klar formuliert: „Jeder soll dem anderen mit der Begabung dienen, die Gott ihm gegeben hat." Jeder – ohne Ausnahme – hat Gaben von Gott empfangen. Kein Mensch ist leer ausgegangen.

Gaben sind anvertrautes, geliehenes Gut, für das wir dankbar sein können. Viele halten sich für demütig, wenn sie an ihren Gaben und Talenten zweifeln. „Demut" ist jedoch der „Mut zum Dienen". Demut ist der Mut, seine Gaben für andere Menschen einzubringen. Welche Gaben hat Gott Ihnen geschenkt? Nutzen Sie sie im Sinne Ihres Schöpfers und entdecken Sie damit eine weitere Form der Dankbarkeit.

Der Dankbare
weiß die Gaben des Lebens zu schätzen,
weiß um den Erfolg seiner Fähigkeiten,
weiß dem Wohltäter mit Ehrfurcht zu begegnen.

Der Dankbare
schätzt seine Talente wie eine Medizin,
schätzt sein Können wie einen Schlüssel,
schätzt seine Begabung wie ein Geschenk Gottes.

Impuls des Tages:
*Wenn wir wahrnehmen,
dass Gott Talente in uns gebildet hat,
werden wir nicht eingebildet,
sondern sind dem genialen Schöpfer dankbar.*

Heute bin ich dankbar für:

Leben wir, so leben wir dem Herrn,
und sterben wir, so sterben wir dem Herrn;
ob wir nun leben oder sterben, wir gehören dem Herrn.
Römer 14,8

Tag 14
Dankbar und glückselig in Gottes Hand

Wolfgang Amadeus Mozart schrieb mit 31 Jahren in einem Brief an seinen Vater: „Da der Tod ... der wahre Endzweck unseres Lebens ist, so habe ich mich seit ein paar Jahren mit diesem wahren, besten Freunde des Menschen so bekannt gemacht, dass sein Bild alleine nichts Schreckendes mehr für mich hat, sondern recht viel Beruhigendes und Tröstendes!
Und ich danke meinem Gott, dass er mir das Glück gegönnt hat, mir die Gelegenheit ... zu verschaffen, ihn als den Schlüssel zu unserer wahren Glückseligkeit kennen zu lernen. Ich lege mich nie zu Bette, ohne zu bedenken, das ich vielleicht ... den anderen Tag nicht mehr sein werde. Und es wird doch kein Mensch von allen, die mich kennen, sagen können, dass ich im Umgang mürrisch und traurig wäre.
Und für diese Glückseligkeit danke ich alle Tage meinem Schöpfer und wünsche sie von Herzen jedem meiner Mitmenschen."

Nur ein Glückseliger kann so wunderbare Musik schaffen, also glaube ich Mozart gerne, dass er glücklich war. Der Urheber unserer Glückseligkeit, das macht Mozart klar, ist Gott. Der Glückszustand macht dankbar, aber auch das Umgekehrte gilt: Der Dankbare lebt glückselig. Somit kommen wahre Dankbarkeit und Glückseligkeit von Gott. Er ist der Schlüssel. Leben wir also mit ihm, vor ihm und in ihm.

Vergiss das Danken nicht,
wenn lang gehegte Träume
unerwartet wahr werden;

vergiss das Danken nicht,
wenn auf dem Acker deines Lebens
sich viele Früchte ausbreiten;

vergiss das Danken nicht,
wenn du im Alltag die Erfolge deiner Arbeit
wie selbstverständlich einsammelst;

vergiss das Danken nicht,
wenn du gut schlafen und gut essen,
wenn du gut arbeiten und gut leben kannst;

vergiss das Danken nicht,
wenn das Glück den roten Teppich vor dir ausbreitet,
wenn das Wohl der Zufriedenheit dein Heim schmückt.

Impuls des Tages:
*Sind Sie glücklich und zufrieden,
lassen Sie es Gott dankbar täglich wissen.*

Heute bin ich dankbar für:

Tag 15
Dankbar sein auch im Leid

Auch wenn es schwer anzunehmen, auch schwer zu verstehen ist: Je gereifter und erfahrener ein Mensch wird, umso mehr weiß er, dass an unserem Lebensweg immer wieder die schwarz vermummte Gestalt des Leides steht.

Ich denke an Dietrich Bonhoeffer, der in dem bekannten Lied „Von guten Mächten wunderbar geborgen" – das er als Neujahrslied aus dem Gefängnis an seine Braut schickte – die Worte schrieb, die man nur mit Zittern und Zagen singen kann: „Und reichst du uns den schweren Kelch, den bittern, des Leids gefüllt bis an den höchsten Rand, so nehmen wir ihn dankbar ohne Zittern aus deiner guten und geliebten Hand."

Not lehrt beten, Not lehrt aber auch fluchen. Not kann retten, aber ebenso kann sie zur Verzweiflung treiben. Not kann anregen, alles dankbar aus Gottes Hand zu nehmen.

„Selig sind, die Leid tragen", heißt es in der Bergpredigt. Was hat Jesus damit gemeint? Jesus spricht denen Glückseligkeit zu, die im Verlust, im Leiden, im Verfolgtwerden an ihm festhalten. Oder legt Gott Menschen auf den Rücken, damit sie besser nach oben schauen können?

Selig ist,
wer Freud und Leid
als das Grundgesetz seines Lebens,
als das Lebenselixier wahrer Gesundheit,
als den Schlüssel der Glückseligkeit
und des Wohlbefindens betrachtet.

Selig ist,
wer Freud und Leid
dankbar ohne Bitterkeit,
dankbar ohne Verzweiflung
dankbar mit Gottes Beistand überwindet.

Impuls des Tages:
Dankbarkeit ist nicht auf gute Zeiten beschränkt.
Entdecken Sie die Dankbarkeit auch im Leid.
Sie ist eine Frucht des Gottvertrauens.

Heute bin ich dankbar für:

Tag 16
Danken für Heilung und Befreiung

Jesus heilte zehn Aussätzige. Doch nur einer davon kam zurück, um sich zu bedanken. Neun zu eins, das ist das traurige Verhältnis von Undankbarkeit zur Dankbarkeit. Wie sieht das in Ihrem Leben aus?

Vielleicht sind wir von Krankheiten weitgehend geheilt. Uns geht es gesundheitlich wieder gut. Wir können wieder laufen, wieder arbeiten, wieder Gemeinschaft pflegen. Gehen wir zur Tagesordnung über? Werden seine Wunder bei uns auch zur Selbstverständlichkeit?

Die trockenen Alkoholiker feiern jedes Jahr ein Dankfest. Sie sind wieder heil geworden. Die Befreiung aus der Sucht lässt sie dankbar zurückschauen.

Wovon sind Sie heil geworden? Aus welchen Verstrickungen sind Sie befreit worden? Welche kleinen und großen Krankheiten haben Sie überstanden?

Machen Sie sich solche überstandenen Krisen bewusst und nutzen Sie sie als Quelle der Dankbarkeit. Vielleicht haben auch Sie dann Grund für ein Dankfest.

Herr, du willst mich heilen –
von Kreislaufstörungen,
von Ängsten,
von Konflikten in der Ehe,
von verzehrendem Ehrgeiz,
von Eitelkeit,
von psychischen Störungen,
von Krankheiten und Konflikten.

Herr, hilf,
dass ich dir die Ehre gebe,
dass ich dir danke und nicht meine,
dass die Zeit alle Wunden heilt;
dass ich keine Heilung
als Selbstverständlichkeit hinnehme,
dass ich dir danke und mich
deinen heilenden Händen anvertraue.

Impuls des Tages:

Heilung von Krankheiten und Befreiung von seelischen Störungen ist in erster Linie ein Werk unseres Gottes. Wer dafür dankt, in dem klingt die Heilung noch nach.

Heute bin ich dankbar für:

So ist Weisheit gut für deine Seele;
wenn du sie findest, wird dirs am Ende wohl gehen,
und deine Hoffnung wird nicht umsonst sein.
Sprüche 24,14

Tag 17
Danken – die Weisheit des Ja-Sagens

Der Dichter und Schriftsteller Willy Kramp formuliert: „Die Weisheit des Dankens ist die Weisheit des Ja-Sagens zu Lust und Last dieser Welt."

Dankbarkeit ist eine Weisheit,
sie wendet den Blick auf das Positive,
sie wendet die Gedanken auf Lösungen,
sie wendet Herz und Gefühle auf Wege der Hoffnung.

Wer dankbar ist,
- handelt klug,
- nimmt Glück und Leid aus Gottes Hand,
- konzentriert sich nicht auf Negatives und Belastendes,
- sieht Gaben und Erfahrungen als Geschenke,
- sagt Ja zu Lust und Last,
- sieht Wege der Hoffnung und nicht Wege der Zerstörung,
- verzichtet darauf, ständig auf der Lauer zu liegen,
  um Betrug und Lüge, Bedrohungen und Benachteiligungen
  zu verhindern.

Der Dankbare weiß,
er hofft nicht ins Blaue,
er hofft nicht ins Ungewisse,
er hofft, dass am Ende seines Lebens alles gut wird.

Weisheit ist Sein Geschenk,
darum ist unsere **Hoffnung** nicht umsonst,
darum ist unser **Leben** nicht umsonst,
darum ist unser **Rufen** nicht umsonst,
darum ist unser **Danken** nicht umsonst.

Weisheit ist Sein Geschenk,
umsonst sind unsere Sorgen,
umsonst sind unsere Grübeleien,
umsonst sind unsere Zweifel,
umsonst sind unsere Befürchtungen.

*Umsonst sind niemals
unsere Dankgebete.*

Impuls des Tages:
*Dankbarkeit ist Weisheit
und schenkt dem Menschen Wohlsein.*

Heute bin ich dankbar für:

Tag 18
Dankbarkeit verleiht Flügel

Wer sich der Tugend der Dankbarkeit verschreibt und sie einübt, lebt leichter und gesünder. Sie kennen alle das Märchen vom Fischer und seiner Frau. Ilsebill, die Fischerfrau, ist mit allem unzufrieden. Der verwunschene Butt kann ihr Häuser herbeizaubern, eins ist schöner als das andere. Selbst Kaiser- und Papstrobe sind ihr zu wenig. Am Ende will Ilsebill wie Gott sein und kehrt dahin zurück, wo sie einst angefangen hat: ganz unten.

Die amerikanischen Psychologen R. A. Emmons und M. McCullough haben in verschiedenen Studien die positiven Auswirkungen der Dankbarkeit erforscht. Sie schreiben: „Dankbarkeit fördert und stärkt soziale Bindungen und Freundschaften. In schwierigen Zeiten werden diese sozialen Beziehungen zu einer Quelle der Unterstützung."*

Die Forschungen zeigen: Dankbare Menschen sind gesünder als andere, fühlen sich wohler und schlafen länger. Dankbarkeit muss von innen kommen. Ohne Appell, ohne Aufforderung, ohne ständiges Ermahnen.

Undankbare Herzen sind kalte Herzen. Sie sehen sich und nicht den anderen. Undankbarkeit macht unzufrieden, bitter und egoistisch. Dankbarkeit hingegen verleiht Flügel!

* zitiert nach Ursula Nuber: Dankbarkeit, der Schlüssel zur Zufriedenheit. In: Psychologie heute, 11/2003. Interessant, dass eine ausgesprochen nichtchristliche Zeitschrift der Dankbarkeit einen langen Beitrag widmet!

Danke, Herr,
für jeden Tag, den ich gesund erlebe,
für jeden Tag, an dem ich satt werde,
für jeden Tag, an dem ich vor Schaden bewahrt werde.

Danke, Herr,
für jeden Tag, an dem ich schmerzfrei sein darf,
für jeden Tag, der mich vor Einsamkeit bewahrt,
für jeden Tag, der mir eine zufriedene Stimmung beschert.

Danke, Herr,
dass mich deine Gegenwart gelassen macht,
dass mich deine Gegenwart mit Zufriedenheit erfüllt,
dass mich deine Gegenwart wohltuend beflügelt.

Impuls des Tages:
*Dankbarkeit fördert die Gesundheit,
stabilisiert menschliche Beziehungen
und schenkt Zufriedenheit.
Probieren Sie es aus!*

Heute bin ich dankbar für:

Tag 19
Dankbar Gottes Wunder erleben

„Es gibt keine Wunder für den, der sich nicht wundern kann", schrieb Marie von Ebner-Eschenbach. Und David Ben Gurion, der ehemalige Premierminister Israels, formulierte: „Wer nicht an Wunder glaubt, ist kein Realist."

Der wissenschaftlich geprägte Mensch versteht unter Wundern vor allem solche Ereignisse, die sich naturwissenschaftlich nicht erklären lassen. Etwas anders sieht es schon aus, wenn Fußballbegeisterte vom „Wunder von Bern" sprechen, dem unerwarteten deutschen Sieg bei der Fußballweltmeisterschaft 1954. Oder wenn der Fall der Berliner Mauer und die Wiedervereinigung wie ein Wunder gefeiert wurde.

Augustinus unterschied zwischen kleinen und großen Wundern. Kleine Wunder sind in seinen Augen religiöse Erfahrungen und Wunderheilungen. Große Wunder sind solche, an die wir uns alle gewöhnt haben, z. B. dass die Sonne jeden Tag aufgeht, dass das Korn wächst und daraus Brot gemacht wird, dass durch Zeugung neues Leben entsteht, dass Gott Tote auferweckt.

Was auch immer Ihnen zu den großen und kleinen Wundern einfällt, wir sind umgeben davon und sie sind ein guter Grund zum Danken.

Herr,
deine Wundermacht
erleben wir täglich

im Gesang der Vögel,
im Grün der Pflanzen,
im Farbenmeer der Blumen,
im Zug der Wolken am Himmel,
im Regen, der Felder und Pflanzen tränkt,
im Energiezufluss der Sonne.

Herr,
dein wunderbares Universum
leuchtet im Sandkorn auf,
deine Allmacht
erblüht in einer Blume,
deine Größe
ist die Zauberhand,
die alles geschaffen hat.

Impuls des Tages:
*Halten Sie bewusst Ausschau nach dem Wunderbaren,
das Gott in Ihrem Leben und in dieser Welt wirkt
und lassen Sie sich davon in die Dankbarkeit führen.*

Heute bin ich dankbar für:

Tag 20
Dankbarkeit bewahrt vor übertriebener Geschäftigkeit

Ein Schriftsteller unserer Tage hat die Geschichte vom reichen Kornbauern für die Gegenwart umgeschrieben. Er hat einen umtriebigen Geschäftsmann mit vollem Terminkalender daraus gemacht. Der wird von Ehrgeiz und Ichsucht angeheizt, kann nicht entspannen, kann nicht ruhig und erfüllt leben und versteht nicht zu danken, weil der Egoismus ihn auffrisst. Analog zum biblischen Gleichnis, lässt der Autor Gott schließlich sagen: „Du Narr, diese Nacht stehst du auf meinem Terminkalender!"

Wir haben es anderer Stelle schon gesagt: Dankbarkeit ist Gnade, ist Weisheit und ein Geschenk. Und Dankbarkeit korrigiert unseren Terminkalender. Dankbarkeit gegenüber Gott bewahrt vor übertriebener Geschäftigkeit und krankhaftem Ehrgeiz, schützt vor Selbstüberforderung und vor falscher Lebenseinstellung.

Wir sind, wie der reiche Kornbauer mit unseren Terminen, Geschäften und unseren Planungen beschäftigt. Weil wir nicht täglich danken und nicht den Geber aller Gaben im Auge haben, fliehen wir in die Geschäftigkeit. Umtriebig setzen wir unsere Seele aufs Spiel. Der dankbare Mensch hingegen ist mit Gott reich und lässt sich an seiner Gnade genügen.

Sei dankbar,
und schon verringern sich
deine übertriebenen Ansprüche,

sei dankbar
und schon schenkt Gott dir
einen korrigierten Zeitplan,

sei dankbar
und schon erfährt deine Selbstsucht
eine hilfreiche Krise,

sei dankbar
und schon siehst du dein Leben
mit anderen Augen,

sei dankbar
und schon genießt du
Welt und Menschen wohlwollend,

sei dankbar
und schon steht
der Himmel dir offen.

Impuls des Tages:
*Wer dankbar seine Arbeit, sein Können
und seine Erfolge aus Gottes Hand nimmt,
übernimmt sich nicht, flieht nicht in die Geschäftigkeit,
flieht nicht in Anerkennungssucht
und erfährt so ein dankbares und erfülltes Leben.*

Heute bin ich dankbar für:

Tag 21
Dankbarkeit verlangt Ausdauer

Dankbarkeit, Ausdauer und Einübung gehören zusammen. Und sie gehören zum christlichen Glauben. Wir können nicht auf Jesus blicken und besinnungslos durchs Leben rasen oder in erster Linie unseren Egoismus befriedigen.

Wer Dankbarkeit einüben will, braucht Geduld – eine Rarität in unserer Gesellschaft. Ausdauer, Zähigkeit und Hartnäckigkeit sind Tugenden, die heute nicht hoch in Kurs stehen. Doch wer einen Wettlauf bestreiten will oder Ziele ansteuert, braucht Ausdauer-Training. Und genauso braucht Durchhaltevermögen, wer in unserer Stressgesellschaft mit Christus verbunden bleiben will. Wer täglich dankbar auf Jesus schaut, erfährt den langen Atem.

Wir leben mit der Schnelligkeit. Das Internet, eine ständige Erreichbarkeit, Schnellimbisse, Selbstbedienungskassen etc. beschleunigen und bestimmen unseren Alltag. Alles ist kurzlebig. Alles sollte schon vorgestern fertig sein. Alles im Eiltempo.

Ausdauer ist das Gegenteil. Hier geht es nicht um Jagen, Rennen und Hetzen. Das Wort kommt vom Lateinischen „durare" (Bleiben, Bestand haben). Im griechischen Urtext spricht das Neue Testament über 40 Mal von „hypomone", dem geduldigen Ausharren. Ausdauer wird gestärkt, wenn wir dankbar auf Jesus schauen, den Urheber und Vollender des Glaubens.

Es lohnt sich zu danken,
weil wir Jesus im Blick haben
weil die Ewigkeit unser Ziel bleibt,
weil uns Seine Gegenwart gelassen macht.

Es lohnt sich zu danken,
weil wir in Jesus
Ängste überwinden,
weil wir in Jesus
Gefahren trotzen,
weil wir in Jesus
Konflikten vertrauensvoll begegnen.

Es lohnt sich zu danken,
weil Dankbarkeit
ein erfülltes Leben garantiert,
weil Dankbarkeit
unsere Gesundheit fördert,
weil Dankbarkeit
unsere Zufriedenheit steuert.

Impuls des Tages:

Herr, ich möchte Dankbarkeit einüben. Der lange Atem und das Aushalten fallen mir nicht in den Schoß. Ich schaue auf dich. Du bist an meiner Seite, ich kann durchhalten und werde ein dankbarer und zufriedener Mensch. Amen.

Heute bin ich dankbar für:

Nachwort

21 Tage lang haben Sie sich nun mit dem Danken beschäftigt und täglich den Blick auf das Gute in Ihrem Leben gerichtet. Wie haben Sie diese Zeit erlebt? Vielleicht haben Sie diese drei Wochen überhaupt intensiver wahrgenommen als andere Zeiten Ihres Lebens? War es für Sie ein lohnendes Projekt? Schauen Sie heute anders auf Ihr Leben?

Sie ahnen es schon: Das war erst der Anfang. Wenn es Ihnen gut getan hat, dann machen Sie weiter damit. Führen Sie ein Dank-Tagebuch und schreiben Sie weiterhin die kleinen Freuden des Tages auf. Oder machen Sie es wie der Graf in einer italienischen Geschichte, der jeden Morgen ein paar Bohnen einsteckte. Für jeden Grund zur Dankbarkeit ließ er eine Bohne aus der linken Westentasche in die rechte wechseln. Und am Abend freute er sich an diesen Begebenheiten, wenn er sich die Bohnen noch einmal besah.

Wie auch immer Sie die Dankbarkeit in Ihren Alltag einbauen – wenn Sie Ihnen zu einer lieben Gewohnheit würde, wäre mir das eine ganz besondere Freude.

Ihr Reinhold Ruthe

Reinhold Ruthe

geboren 1927 in Löhne, Kreis Herford. Verheiratet, eine Tochter. Studium am Seminar für Evangelische Jugendführung in Kassel.

11 Jahre Generalsekretär des CVJM in Hamburg, wo er mit seiner Frau Charlotte die erste deutsche Eheschule für junge Menschen gründete und Religion an einem Privatgymnasium unterrichtete.

Nach einer Ausbildung zum Eheberater am Berliner Zentralinstitut für Ehe- und Familienfragen und nach einer Ausbildung zum Psychotherapeuten für Kinder und Jugendliche leitete er bis zum Jahre 1990 die Evangelische Familienberatungsstelle des Kirchenkreises Elberfeld.

Er war 15 Jahre Dozent für Psychologie und Pädagogik an zwei staatlichen Fachschulen. Von 1986 bis 1999 arbeitete er mit Frau und Tochter als Ausbildungsleiter des von ihnen gegründeten Magnus Felsenstein Institutes für beratende und therapeutische Seelsorge.

Reinhold Ruthe hat die Entwicklung der Seelsorge und christlichen Psychologie entscheidend beeinflusst und schrieb etwa 150 Bücher zu Sexualpädagogik, Psychologie, Theologie, Ehe- und Familienberatung sowie Bildbände und Andachtsbücher.

—